Kissa Toranocoku

空想喫茶
トラノコクの
おうち喫茶レシピ

いらっしゃいませ。
空想喫茶トラノコクです。

本書は懐かしくて、ちょっぴり遊び心を感じられるような
喫茶店のレシピや魅力をぎゅっと詰め込んだ一冊です。

本を手に取ってくださったみなさんが、おうちにいる時間も
喫茶店にいるような感覚で
楽しめたらなという思いで作りました。

どうぞごゆっくりお過ごしください。

トラノコク
menu

あまいもの

トラノコク

menu

ごはんもの

トラノコク

menu

のみもの

空想喫茶トラノコクについて

空想喫茶トラノコクは、
「絵本に出てきた大好きな食べ物」や「幼い頃の楽しかった思い出」など
心がほっこりするような、どこか懐かしい記憶や夢をつなぐ空想の喫茶店です。
当店には選りすぐりのメニューを、写真や動画を通してご用意しております。
懐かしさを辿った先には、お腹も心も満たせますように。

活動を始めたきっかけ

「自分たちが心地よいと思う居場所、作ってみる?」
初めは、同じ会社の仲間たちと何気なく語ったことがきっかけでした。
当時の僕たちにとっては、SNSという存在がとても身近なもので、
その匿名の大海原にいる人々はナイフを持つこともできれば、
助け船を出すこともできると知っていました。
仲間たちと食卓を囲み、語りながら
「国や性別問わず、いろいろな人がいるSNSの世界の中でも
いつも心があたたまるような空間があったらいいな」
「僕たちにとっての居場所が、いつか誰かにとっての
居場所にもなったらいいな」と夢や思い出、妄想を膨らませていくうちに
できあがったのが、空想喫茶トラノコクです。
トラノコクはSNSを軸に開店をしており、写真や動画を通して発信しています。

店員について

空想喫茶トラノコクには、様々な店員がいます。
店員はみんながカメラマンであり、演者でもあります。
それぞれの個性を大事にしながら、全員で喫茶を築いています。

もうそう店長

夢と妄想でできたトラノコクの店長であり、イメージキャラクター。
誕生日……5月1日
好物……ナポリタン

7

トラノコクの店員。名店やマンガの料理を再現している。言葉とイラスト担当。
誕生日……7月20日
好物……クリームソーダ

Kon

トラノコクの店員。喫茶の撮影が趣味。トラノコクラジオの進行役。
誕生日……3月3日
好物……コーヒー

ツッチー

トラノコクの店員。料理をメインで作っている。プリンには人一倍詳しい。
誕生日……6月25日
好物……プリン

ユーピケ

トラノコクの店員。喫茶を巡って研究している。実はサウナー。
誕生日……11月2日
好物……アイスクリーム

本書の使い方

あったらいいなを詰め込んだ、空想の喫茶店トラノコク。
おうち喫茶を楽しめるよう、あまいもの、ごはんもの、のみものの3つのカテゴリーに分けて、
トラノコク自慢のメニューを紹介しています。
ゆるりとした時間をお過ごしください。

・材料の表記は1カップ=200ml（200cc）、大さじ1=15ml（15cc）、小さじ1=5ml（5cc）です。
・レシピには目安となる分量や調理時間を表記していますが、様子を見ながら加減してください。
・飾りで使用した材料は明記していないものがあります。お好みで追加してください。
・野菜類は、特に指定のない場合は、洗う、皮をむくなどの下準備を済ませてからの手順を記載しています。
・火加減は、特に指定のない場合は、中火で調理しています。

あまいもの

愛してやまない、あまいもの。
一口食べれば幸せが広がる、
トラノコク自慢のメニューです。

大きなプリン
Whole custard pudding

材料（直径12cmの丸型1台分）
カラメル

グラニュー糖……30g

水……7ml

湯……7ml

プリン液

卵……3個

卵黄……3個分

練乳……105g

牛乳……450ml

バニラエッセンス……7滴

プリン液が余ったら、氷と一緒にミキサーにかければミルクセーキに、パンを浸して焼けばフレンチトーストになる。

14

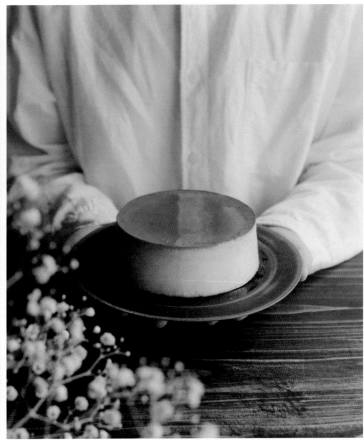

事前準備

事前準備

事前準備
• オーブンを160℃に予熱しておく

作り方

【カラメル】

1 小鍋にグラニュー糖と水を入れて弱火にかけ、ゆするようにして溶かす。

2 好みの色になったら湯を加えて全体を混ぜ、型に注いで底一面に広げる。

＊火傷に注意。湯を入れるときは蓋をして、その隙間から入れる。

【プリン液】

1 ボウルに卵、卵黄、練乳を入れ、混ぜ合わせる。

2 小鍋に牛乳を入れて弱火にかけ、人肌に温める。1に加えて混ぜ、バニラエッセンスを加える。

3 茶漉しで漉しながら、カラメルの入った型に注ぎ入れる。

4 天板に3を置き、周りに熱湯を2cm高さまで注ぐ。型にアルミホイルをかぶせ、160℃のオーブンで60分、湯煎焼きにする。

5 オーブンから取り出し、粗熱が取れたら冷蔵庫で一晩冷やす。

プリンアラモード

Pudding à la mode

材料(プリンカップ2個分)
カラメル

グラニュー糖……20g

水……5ml

湯……5ml

プリン液

卵……1個

卵黄……1個分

練乳……35g

牛乳……150ml

バニラエッセンス……5滴

トッピング

お好みのフルーツ、
ホイップクリーム……各適量

事前準備

• オーブンを160℃に予熱しておく

作り方

【カラメル】

1 小鍋にグラニュー糖と水を入れて弱火にかけ、ゆするようにして溶かす。

2 好みの色になったら湯を加えて全体を混ぜ、プリンカップに注ぐ。

＊火傷に注意。湯を入れるときは蓋をして、その隙間から入れる。

【プリン液】

1 ボウルに卵、卵黄、練乳を入れ、混ぜ合わせる。

2 小鍋に牛乳を入れて弱火にかけ、人肌に温める。1に加えて混ぜ、バニラエッセンスを加える。

3 茶漉しで漉しながら、カラメルを入れたカップに注ぎ入れる。

4 天板に3を置き、周りに熱湯を2cm高さまで注ぐ。カップにアルミホイルをかぶせ、160℃のオーブンで35分、湯煎焼きにする。

5 オーブンから取り出し、粗熱が取れたら冷蔵庫で一晩冷やす。

6 カップから外して皿に盛り、好みでカットしたフルーツとホイップクリームを飾る。

紅茶プリン
Tea pudding

材料（15×10cmの琺瑯バット1個分）

カラメル

グラニュー糖……30g

水……7ml

湯……7ml

プリン液

卵……1個

卵黄……1個分

練乳……35g

牛乳……150ml

バニラエッセンス……5滴

紅茶のティーバッグ……1袋

事前準備

・オーブンを160℃に予熱しておく

作り方

【カラメル】

1 小鍋にグラニュー糖と水を入れて弱火にかけ、ゆするようにして溶かす。

2 好みの色になったら湯を加えて全体を混ぜ、型に注いで底一面に広げる。

＊火傷に注意。湯を入れるときは蓋をして、その隙間から入れる。

【プリン液】

1 小鍋に牛乳とティーバッグを入れ、中火にかける。ふつふつしてきたら弱火にして、混ぜながら1〜2分煮出す。

2 ボウルに卵、卵黄、練乳を入れて混ぜ、ティーバッグを除いて1を茶漉しで漉しながら加え、バニラエッセンスを加えて混ぜる。

3 全体が均一に混ざったら、漉しながらカラメルを入れた型に注ぐ。

4 天板に3を置き、周りに熱湯を2cm高さまで注ぐ。型にアルミホイルをかぶせ、160℃のオーブンで35分、湯煎焼きにする。

5 オーブンから取り出し、粗熱が取れたら冷蔵庫で一晩冷やし、切り分けて皿に盛る。

ほうじ茶プリン
Roasted green tea pudding

材料（15×10cmの琺瑯バット1個分）

黒蜜……適量
卵……1個
卵黄……1個分
練乳……35g
牛乳……200ml
ほうじ茶（茶葉）……10g

事前準備

- 型の底一面に薄く広がるように、黒蜜を入れておく
- オーブンを160℃に予熱しておく

作り方

1 小鍋に牛乳と茶葉を入れ、中火にかける。ふつふつしてきたら弱火にして、混ぜながら1～2分煮出す。

2 ボウルに卵、卵黄、練乳を入れて混ぜ、1を茶漉しで漉しながら加えて混ぜる。

3 全体が均一に混ざったら、漉しながら型に注ぐ。

4 天板に3を置き、周りに熱湯を2cm高さまで注ぐ。型にアルミホイルをかぶせ、160℃のオーブンで35分、湯煎焼きにする。

5 オーブンから取り出し、粗熱が取れたら冷蔵庫で一晩冷やし、切り分けて皿に盛る。

なめらかグラスプリン
Smooth custard pudding

材料(耐熱グラス2個分)

カラメル

グラニュー糖……20g

水……5ml

湯……5ml

プリン液

卵……1個

卵黄……1個分

練乳……35g

牛乳……200ml

バニラエッセンス……5滴

トッピング

ホイップクリーム、
ミント……各適量

事前準備

• オーブンを160℃に予熱しておく

作り方

【カラメル】

1 小鍋にグラニュー糖と水を入れて弱火にかけ、ゆするようにして溶かす。

2 好みの色になったら湯を加えて全体を混ぜ、グラスに注ぐ。

＊火傷に注意。湯を入れるときは蓋をして、その隙間から入れる。

【プリン液】

1 ボウルに卵、卵黄、練乳を入れ、混ぜ合わせる。

2 小鍋に牛乳を入れ弱火にかけ、人肌に温める。1に加えて混ぜ、バニラエッセンスを加える。

3 茶漉しで漉しながら、カラメルを入れたグラスに注ぎ入れる。

4 天板に3を置き、周りに熱湯を2cm高さまで注ぐ。グラスにアルミホイルをかぶせ、160℃のオーブンで35分、湯煎焼きにする。

5 オーブンから取り出し、粗熱が取れたら冷蔵庫で一晩冷やす。食べる直前にホイップクリームとミントを飾る。

いちごサンド

Strawberry sandwich

材料（2人分）

いちご……5個
食パン（8枚切り）……2枚
生クリーム……50ml
砂糖……20g
マスカルポーネ……20g

事前準備

• 食パンの耳を切り落とす
• いちごのヘタを取っておく

作り方

1 ボウルに生クリームと砂糖を入れて泡立てる。7分立てにしたらマスカルポーネを加え、ツンとツノが立つまで泡立てる。

2 食パンの片面に、1の半量をまんべんなく塗る。もう1枚も同様に、片面に残りの1を塗る。

3 食パンのクリームを塗った面に、いちご1個を立たせるようにして中央に置き、それを中心に残りのいちごを対角線上に、先端が外を向くように寝かせて並べる。

4 もう1枚の食パンで挟み、ラップで包んで冷蔵庫で30分以上冷やす。

5 ラップを外し、包丁で対角線上に4等分する。

フルーツサンド

Fruit sandwich

材料 (3〜4人分)

いちご (小粒)……12個

バナナ……1本

キウイ……1個

黄桃 (缶詰)……1/2個

食パン (8枚切り)……12枚

生クリーム……200ml

砂糖……80g

マスカルポーネ……80g

事前準備

• 食パンの耳を切り落とす

• いちごのヘタを取っておく

• バナナの皮を剥き、両端を切り落として2等分にする

• キウイの皮を剥き、縦に4等分にする

作り方

1 ボウルに生クリームと砂糖を入れて泡立てる。7分立てにしたらマスカルポーネを加え、ツンとツノが立つまで泡立てる。

2 食パン12枚の片面に均一にホイップクリームを塗る。

3 食パン6枚のクリームを塗った面に、切る場所を意識してフルーツを並べる。

4 残りの食パンで挟み、ラップで包んで冷蔵庫で30分以上冷やす。

5 ラップを外し、包丁で2等分にする。

コーヒーゼリー
Coffee jelly

材料（プリンカップ約4個分）

ドリップコーヒー……500ml

砂糖……50g

粉ゼラチン……10g

生クリーム……100ml

ミント……適量

作り方

1 ドリップコーヒーを濃いめに淹れ、冷めないうちに砂糖とゼラチンを加えて混ぜ溶かす。

2 1をカップに注ぎ、粗熱が取れたら冷蔵庫で4時間ほど冷やし固める。

3 食べる直前に生クリームをかけ、ミントを飾る。

薔薇のコーヒーゼリー

Rose coffee jelly

材料 (プリンカップ4個分)

クリーム

生クリーム……100ml

砂糖……10g

粉ゼラチン……1g

水……大さじ1

コーヒーゼリー (P24参照)……4個

作り方

【クリーム】

1 耐熱容器に粉ゼラチンと水を入れて混ぜ、電子レンジ (500W) で20秒ほど加熱して溶かす。

2 ボウルに生クリームと砂糖を入れて泡立て、7分立てにする。1を加え、ツンとツノが立つまで泡立てる。

3 バラ口金をつけた絞り袋に入れ、コップの底など手で回しやすいものにバラの形に絞り、冷蔵庫で15分ほど冷やす。

4 コーヒーゼリーに3をのせると、バラのコーヒーゼリーに。

ゼリーポンチ

Jelly punch

材料（グラス2個分）

青ゼリー

粉ゼラチン……5g

湯……200ml

バタフライピーシロップ……20ml

水色ゼリー

粉ゼラチン……5g

湯……200ml

バタフライピーシロップ……10ml

紫ゼリー

粉ゼラチン……5g

湯……200ml

バタフライピーシロップ……20ml

レモン汁……小さじ1

バタフライピーシロップ……大さじ1

炭酸水……400ml

タイム……2本

氷……適量

作り方

1 鍋に湯を沸かし、耐熱容器3つに200ml
ずつになるように分けて注ぐ。

2 1の容器に青ゼリー・水色ゼリー・紫ゼ
リーそれぞれの材料（湯以外）を加え、ゼラ
チンをよく溶かすように混ぜる。

3 粗熱が取れたら冷蔵庫に入れ、1時間以
上冷やし固める。

4 固まったら容器から取り出し、それぞれ
サイコロ状に切り分ける。

5 グラスに氷とゼリーを入れ、シロップを
回しかける。

6 タイムを差し込み、炭酸水を注ぐ。

ミニタルトタタン
Tarte Tatin

材料（ココットまたはプリンカップ 2個分）

りんご（紅玉）……2個

バター（食塩不使用）……15g

砂糖……50g

水……大さじ1

冷凍パイシート……1枚

事前準備

- 使う型に合わせて冷凍パイシートをくり抜き、180℃のオーブンで20分焼く

- オーブンを180℃に予熱しておく

- りんごは8等分のくし形切りにし、皮を剥いておく

作り方

1 フライパンを中火にかけ、砂糖と水を入れてカラメル状になるまで煮詰める。

2 りんごを並べ入れ、バターを加えて混ぜ、しんなりするまで煮詰める。

3 型に2を敷き詰め、180℃のオーブンで30分焼く。

4 オーブンから取り出し、膨らんでいたらフォークなどで押して平らにする。粗熱が取れたら冷蔵庫で30分以上冷やす。

5 バターナイフなどを使って型に沿って側面をはがし、焼いておいたパイをのせ、皿をかぶせる。逆さにして型から外す。

絵本のようなホットケーキ
Pancake

材料（直径16cmのフライパン1台分）

ホットケーキミックス……1袋（150g）
卵……1個
牛乳……100ml

トッピング

バター……適量
メープルシロップ……適宜

作り方

1 ボウルに卵と牛乳を入れてよく混ぜ
　合わせ、ホットケーキミックスを加え
　て混ぜる。

2 フライパンを中火にかけ、温まったら
　濡れ布巾の上に置いて一旦冷まし、1
　を高い位置から流し入れる。

3 2を弱火にかけ、表面に小さな泡が出
　てきたら裏返し、2分ほど焼く。

4 バターをのせ、好みでメープルシロッ
　プをかける。

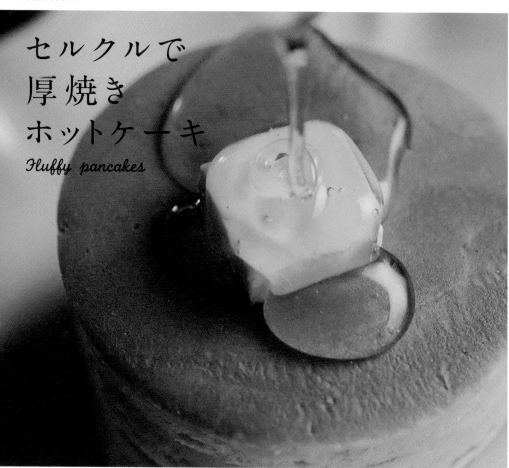

セルクルで厚焼きホットケーキ
Fluffy pancakes

材料（直径9cmのセルクル3個分）

ホットケーキミックス……1袋 (150g)

卵……1個

牛乳……100ml

トッピング

バター……適量

メープルシロップ……適宜

事前準備

- セルクルに油を塗っておく

作り方

1 ボウルに卵と牛乳を入れてよく混ぜ合わせ、ホットケーキミックスを加えて混ぜる。

2 フライパンを中火にかけ、温まったら濡れ布巾の上に置いて一旦冷ます。セルクルをのせ、お玉を使って1を1/3量ずつ流し入れる。

3 2を弱火にかけ、表面に小さな泡が出てきたら裏返し、2分ほど焼く。

4 皿に盛り、バターをのせて、好みでメープルシロップをかける。

チョコバナナパフェ
Chocolate banana parfait

バナナ……1本

ホイップクリーム……100g

コーンフレーク……30g

チョコレートアイスクリーム……100g

みかん（缶詰）……適量

さくらんぼ（シロップ漬け）……1個

チョコレートソース……適量

ウエハース……1枚

事前準備

• バナナを食べやすい大きさに切っておく

作り方

1 グラスにチョコソースを入れ、その上に
  コーンフレークを入れる。

2 ホイップクリームを1/3絞り、その上に
  チョコアイスをのせる。

3 残りのホイップクリームを山のように絞
  り、バナナとみかんでチョコアイスが見
  えなくなるように盛りつける。

4 チョコソース、ウエハース、さくらんぼ
  を飾る。

フレンチトースト
French toast

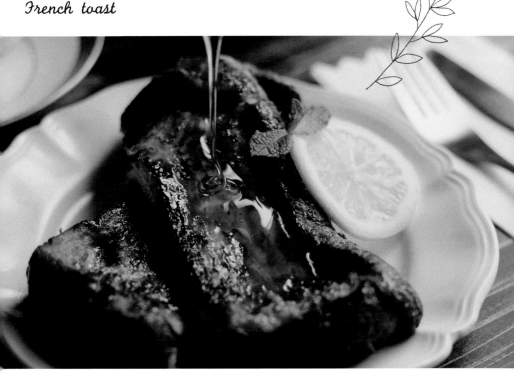

材料(2人分)

食パン (6枚切り)……2枚

A

卵……1個
卵黄……1個分
練乳……35ml
牛乳……150ml

バター……10g
砂糖……4g
ミント、レモン、はちみつ……各適宜

作り方

1 ボウルにAを入れ、混ぜ合わせる。

2 バットに食パンを並べ、1をかけて冷蔵庫で一晩おく。

3 フライパンを中火にかけ、バターを入れて溶かす。2の食パンの片面に半量の砂糖をふりかけ、砂糖をかけた面を下にして焼く。

4 焼いていない面に残りの砂糖をふりかけ、裏面に少し焦げ目がついたら裏返して、もう片面も少し焦げ目がつくまで焼く。

5 皿に盛り、好みでミントと輪切りのレモンを添え、はちみつをかける。

スキレットで
あつあつフレンチトースト

Skillet French toast

材料(2人分)

食パン (4枚切り)……2枚

卵……1個

砂糖……60g

牛乳……100ml

生クリーム……150ml

バター……適量

トッピング

粉砂糖、はちみつ……各適量

事前準備

• オーブンを190℃に予熱しておく

作り方

1 ボウルに卵と砂糖を入れ、よく混ぜ合わせる。

2 牛乳と生クリームを加え、混ぜる。

3 バットに食パンを並べ、2をかけて冷蔵庫で一晩おく。

4 スキレットを中火にかけ、バターを入れて溶かす。3を入れ、片面に焼き色がつくまで焼く。

5 裏返して、190℃のオーブンで15分ほど焼く。少し冷ましたら粉砂糖をふり、はちみつをかける。

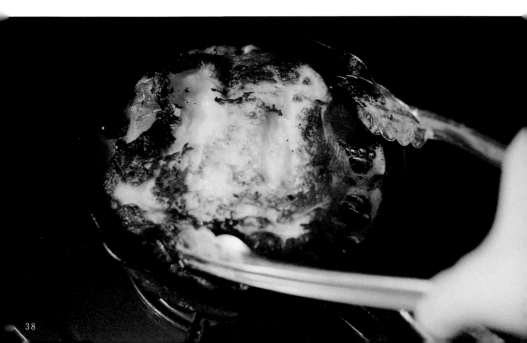

レアチーズケーキ

No-bake cheesecake

材料（12×15cmの角型1台分）

チーズ生地

クリームチーズ……200g

ギリシャヨーグルト（水切りヨーグルト）
……100g

生クリーム……100ml

砂糖……30g

はちみつ……30g

レモン汁……大さじ1/2

粉ゼラチン……5g

水……30ml

ボトム

市販のビスケット……60g

バター（食塩不使用）……25g

事前準備

- 粉ゼラチンは水でふやかしておく

- クリームチーズを常温に戻しておく

作り方

【ボトム】

1 ビスケットをポリ袋に入れ、細かく砕く。

2 バターを耐熱容器に入れて電子レンジ（500W）で10秒ほど加熱して溶かし、1に入れて揉み込む。

3 型に2を入れ、スプーンなどを使って敷き詰め、冷蔵庫で10分以上冷やす。

【チーズ生地】

1 ボウルにクリームチーズを入れてよく練り、砂糖を加えてすり混ぜる。

2 ヨーグルト、生クリーム、はちみつ、レモン汁を順に加え、その都度よく混ぜる。

3 ふやかしておいたゼラチンを電子レンジ（500W）で20秒ほど加熱し、よく溶かす。2に加え、よく混ぜる。

4 冷蔵庫で冷やしておいた型に流し入れ、軽く表面をならしたら冷蔵庫で2時間以上冷やす。

5 固まったら型から外し、好みの大きさに切り分けて皿に盛る。

ベイクドチーズケーキ
Baked cheese cake

材料(直径15cmの丸底抜き型1台分)
チーズ生地
クリームチーズ……200g
砂糖……70g
卵……1個
卵黄……1個分
生クリーム……15g
サワークリーム……100g
レモン汁……15g
薄力粉……15g
ボトム
市販のビスケット……60g
バター(食塩不使用)……30g

事前準備

- オーブンを160℃に予熱しておく
- クリームチーズを常温に戻しておく
- ボウルに卵と卵黄を入れ、溶いておく
- 薄力粉をふるっておく
- 型に油を塗っておく

作り方

【ボトム】

1 ビスケットをポリ袋に入れ、細かく砕く。

2 バターを耐熱容器に入れて電子レンジ(500W)で10秒ほど加熱して溶かし、1に入れて揉み込む。

3 型に2を入れ、スプーンなどを使って底に敷き詰め、冷蔵庫で冷やす。

【チーズ生地】

1 ボウルにクリームチーズを入れてよく練り、砂糖を加えてすり混ぜる。

2 溶き卵を2～3回に分けて加え、その都度混ぜる。

3 生クリーム、サワークリーム、レモン汁を加えて混ぜ合わせる。

4 薄力粉を加え、さっくりと混ぜる。

【焼く】

1 冷やしておいた型にチーズ生地を漉しながら流し入れる。

2 160℃のオーブンで40分焼く。

3 オーブンから取り出し、粗熱が取れたら冷蔵庫で一晩冷やし、冷めたら型から外す。

半熟バスクチーズケーキ

Basque burnt cheesecake

材料(直径12cmの丸型1台分)

クリームチーズ……200g

グラニュー糖……70g

卵……2個

生クリーム(乳脂肪分45%のもの)……120g

コーンスターチ……6g

事前準備

- オーブンシートを水で濡らし、しわくちゃにして絞って水気を切り、型に敷いておく
- オーブンを240℃に予熱しておく
- タオルを濡らしてよく絞り、平らに広げて冷凍庫に入れておく
- クリームチーズは常温にしておく
- 卵は溶いておく

作り方

1 ボウルにクリームチーズを入れてよく練り、グラニュー糖を加えてすり混ぜる。

2 溶き卵を3〜4回に分けて加え、その都度よく混ぜる。

3 生クリームを加え、均一に混ぜる。

4 コーンスターチをふるい入れ、ダマにならないようにしっかり混ぜ合わせる。

5 型に生地を流し入れ、240℃のオーブンで20分焼く。

6 焼き上がったらすぐに冷凍庫からタオルを取り出し、その上に型を置いて急冷する。

7 粗熱が取れたら、冷蔵庫で一晩冷やす。

ジャムレシピ3種
Fruit jam

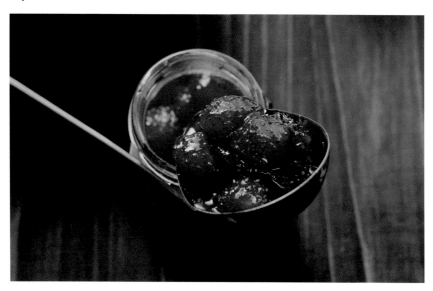

はちみつで簡単いちごジャム

材料（保存瓶 2個分…いちごジャム1個、いちごソーダの素1個）

いちご（小粒）……1パック（約250g）
はちみつ……100g
レモン汁……大さじ1

事前準備

• いちごのヘタを取っておく

• 保存瓶を清潔にしておく

作り方

1 小鍋にすべての材料を入れ、中火にかける。

2 スプーンで、いちごを潰しきらない程度に軽く押さえて煮る。

3 煮立ってきたら弱火にし、アクが出たらすくって保存瓶に移す（いちごソーダの素の完成）。

4 水分量が1/3程度になったら、別の保存瓶に入れる（いちごジャムの完成）。

紅いりんごジャム

材料（保存瓶1個分）

りんご（紅玉）……2個

グラニュー糖……130g

レモン汁……大さじ1

お茶パック……1枚

レモンカード

材料（保存瓶2個分）

卵……2個

卵黄……2個分

グラニュー糖……100g

レモン汁……80ml

レモンの皮（国産のもの、なくてもOK）……1個分

バター（食塩不使用）……50g

余った卵白はレモンパイ（P48）のメレンゲに使える。レモンカードはパンやクラッカーにつけたり、ヨーグルトに入れてもおいしい。

事前準備

- りんごは皮を剥いて芯を取り除き、薄いいちょう切りにする。皮は残しておく

- 保存瓶を清潔にしておく

作り方

1 皮をお茶パックに入れ、りんごと一緒に小鍋に入れる。

2 1にグラニュー糖、レモン汁を加えてよく混ぜ、キッチンペーパーをかぶせて弱火にかけ、30分以上煮る。

3 キッチンペーパーとお茶パックを取り除き、水分がなくなるまで煮たら保存瓶に入れる。

事前準備

- レモンをよく洗い、黄色い皮の部分だけすりおろす（国産レモンを使用する場合のみ）

- バターは1cm角に切っておく

- 保存瓶を清潔にしておく

作り方

1 ボウルに卵、卵黄、グラニュー糖を入れ、よく混ぜ合わせる。

2 1にレモン汁50mlとすりおろしたレモンの皮を加え、混ぜる。鍋に漉しながら入れる。

3 2を弱火にかけ、焦げつかないよう混ぜながら、とろみがつくまで加熱する。

4 とろみが出たら火からおろし、バターと残りのレモン汁を加えて混ぜ合わせる。

5 すぐ使う場合はバットに移し、粗熱を取る。保存する場合は粗熱が取れてから保存瓶に入れる。

レモンパイ
Lemon meringue pie

材料（直径16cmのパイ皿1台分）

レモンカード（P47参照）……200g
冷凍パイシート……1枚
卵白……2個分
グラニュー糖……30g
バニラエッセンス（あれば）……3滴
サラダ油……適量

事前準備
- 型に薄く油を塗っておく
- 冷凍パイシートを常温で解凍しておく
- オーブンを200℃に予熱しておく

作り方

1 パイシートを麺棒で伸ばして型に広げ、フォークで全体に穴を開ける。

2 オーブンシートをのせ、重しを置いて200℃のオーブンで10分焼く。重しを取り除いてさらに15分ほど焼き、オーブンから取り出して冷ましておく。

3 ボウルに卵白を入れ、ハンドミキサーで泡立てる。

4 白っぽくなってきたらグラニュー糖とバニラエッセンスを加え、ツノが立つまで泡立てる。

5 2にレモンカードを塗り広げて4をのせ、200℃のオーブンで10分ほど加熱し、焼き目をつける（ガスバーナーで焼き目をつけてもOK）。

---- **お買い求めいただいた本のタイトル** ----

本書をお買い上げいただきまして、誠にありがとうございます。
本アンケートにお答えいただけたら幸いです。
ご返信いただいた方の中から、
抽選で毎月5名様に図書カード（500円分）をプレゼントします。

ご住所　〒	
TEL（　　-　　-　　）	
（ふりがな） お名前	年齢 歳
ご職業	性別 男・女・無回答
いただいたご感想を、新聞広告などに匿名で 使用してもよろしいですか？　（はい・いいえ）	

※ご記入いただいた「個人情報」は、許可なく他の目的で使用することはありません。
※いただいたご感想は、一部内容を改変させていただく可能性があります。

●この本をどこでお知りになりましたか?(複数回答可)

1. 書店で実物を見て　　　　　　　2. 知人にすすめられて
3. SNSで(Twitter:　　　　Instagram:　　　その他　　　)
4. テレビで観た(番組名:　　　　　　　　　　　　　　　　)
5. 新聞広告(　　　　　　新聞)　6. その他(　　　　　　　)

●購入された動機は何ですか?(複数回答可)

1. 著者にひかれた　　　　　　　　2. タイトルにひかれた
3. テーマに興味をもった　　　　　4. 装丁・デザインにひかれた
5. その他(　　　　　　　　　　　　　　　　　　　　　　　)

●この本で特に良かったページはありますか?

●最近気になる人や話題はありますか?

●この本についてのご意見・ご感想をお書きください。

以上となります。ご協力ありがとうございました。

23

いちご
クリーム
ソーダ
Strawberry cream soda

材料（1人分）
いちごソーダの素（P46参照）……適量
氷……適量
炭酸水……200ml
バニラアイス……適量
いちご（あれば）……1〜3個

作り方

1 グラスに氷といちごソーダの素を入れ、炭酸水を注ぐ。

2 バニラアイスをのせ、あればいちごを添える。

いちごミルク
Strawberry milk

材料（1人分）
いちごジャム（P46参照）……大さじ1
牛乳……150ml
氷……適量

作り方

1 グラスにいちごジャムを入れ、軽く潰す。

2 氷を入れて牛乳を注ぎ、よく混ぜる。

アレンジレシピ

料理をすると、つい多く作りすぎて
余らせてしまったということはありませんか？
ここでは、本書のレシピのアレンジアイデアをご紹介します。

1

レモンカード（P47）を使って……

レモンクリームパスタ

レモンカードが余ったら、お菓子だけでなく料理のワンポイントとしても使えるんです。カルボナーラなどのクリーム系パスタを作るときにちょっと加えれば、レモンクリームパスタに早変わり。爽やかなレモンの香りで、夏バテ中でもさっぱりといただけます。

2

ホットケーキ (P30) を使って……
どら焼き

ホットケーキの味に飽きてしまったら、あんこを挟んで、どら焼き風にしてみるのはいかがでしょうか？ もし焼く前の生地が残っていたら、少しだけみりんを加えるともっとおいしいどら焼きが作れます。お試しあれ。

3

プリン液 (P14など) を使って……
フレンチトースト

プリンを焼く前のプリン液が余ったら、パンを浸してフレンチトーストを作ってみましょう。パンがない場合は、氷と一緒にミキサーにかければミルクセーキにもなりますよ。甘すぎると思ったら牛乳を足して、好みの味を見つけてみるのもいいかもしれません。

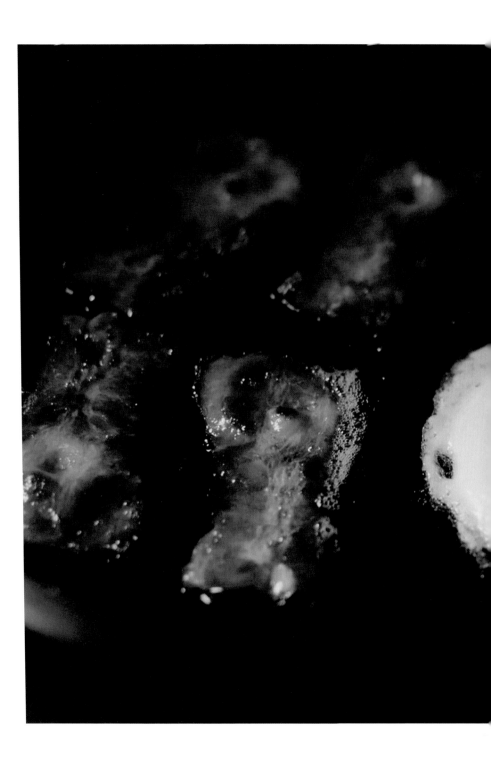

ごはんもの

ちょっとお腹が空いたときに食べたい、
お米にパスタ、トースト。
喫茶店のどこか懐かしいメニューを揃えました。

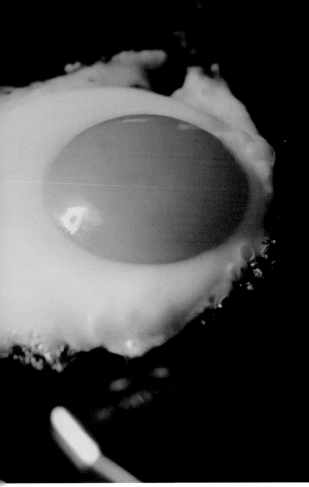

25

ナポリタン

Spaghetti neapolitan

材料(2〜3人分)

パスタ……300g（2.2mmがおすすめ）

玉ねぎ……1/2個

ソーセージ……3本

ピーマン……2個

バター……20g

オリーブオイル……大さじ1/2

ケチャップ……100g

ウスターソース……大さじ1

塩、こしょう……各適量

事前準備

・具材を食べやすい大きさに切っておく

作り方

1 鍋に湯を沸かし、塩（湯の量の1%）を入れ、パスタを袋の表示時間通りに茹でる。

2 フライパンを中火にかけ、オリーブオイルをひく。玉ねぎ、ソーセージを入れて炒め、油がまわったらピーマンを加え、こしょうをふる。

3 玉ねぎがしんなりしてきたら、ケチャップとソースを加えて混ぜる。

4 茹で上がったパスタとバターを加え、よく絡める。

カルボナーラ

Spaghetti carbonara

材料(2~3人分)
パスタ……300g
ベーコン(ブロック)……60g
にんにく(みじん切り)……1片分
オリーブオイル……大さじ1
塩……適量
黒こしょう……少々

卵液
卵……2個
生クリーム……60ml
粉チーズ……40g
塩、黒こしょう……各少々

事前準備
- ベーコンを1cm角に切っておく

作り方

1 鍋に湯を沸かし、塩(湯の量の1%)を入れ、パスタを袋の表示時間通りに茹でる。

2 フライパンを中火にかけてオリーブオイルをひき、ベーコン、にんにくを入れてベーコンがカリッとするまで炒める。

3 ボウルに卵液の材料を入れて混ぜ、パスタが茹で上がる直前に2をベーコンの油ごと加えて混ぜる。

4 3にパスタを加え、少しとろみがつくまで手早く和える。

5 皿に盛り、黒こしょうをふる。

27

ミートソーススパゲティ

Spaghetti bolognese

材料(2〜3人分)

パスタ……300g

合いびき肉……150g

玉ねぎ(みじん切り)……1/2個分

サラダ油……大さじ1

カットトマト缶……1缶

コンソメ(顆粒)……大さじ1/2

にんにく(すりおろし)……小さじ1

塩、こしょう……各適量

ケチャップ……大さじ3

ウスターソース、はちみつ……各大さじ1

粉チーズ……適宜

作り方

1 鍋に湯を沸かし、塩(湯の量の1%)を入れ、パスタを袋の表示時間通りに茹でる。

2 フライパンを中火にかけて油をひき、玉ねぎをしんなりするまで炒める。

3 ひき肉を加えて炒め、肉の色が変わってきたらカットトマト缶、コンソメ、にんにく、塩、こしょうを加えて、混ぜながら煮る。

4 全体が均一に混ざったらケチャップ、ウスターソース、はちみつを加えて、好みの固さになるまで煮詰める。

5 茹で上がったパスタを皿に盛り、4をかける。好みで粉チーズをふる。

28

ミートドリア
Meat sauce Doria

材料(2人分)

ご飯……300g

バター……10g

ピザ用チーズ……適量

ミートソース

合いびき肉……150g

玉ねぎ(みじん切り)……1/2個分

サラダ油……大さじ1

カットトマト缶……1缶

コンソメ(顆粒)……大さじ1/2

にんにく(すりおろし)……小さじ1

塩、こしょう……各少々

ケチャップ……大さじ3

ウスターソース、はちみつ……各大さじ1

ホワイトソース

玉ねぎ……1/2個

バター……20g

薄力粉……大さじ2

牛乳……2カップ

コンソメ(顆粒)……小さじ2

塩、こしょう……各少々

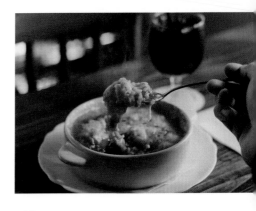

作り方

1 ミートソースを作る

❶ フライパンを中火にかけて油をひき、玉ねぎがしんなりするまで炒める。

❷ ひき肉を加えて炒め、肉の色が変わってきたらカットトマト缶、コンソメ、にんにく、塩、こしょうを加えて、混ぜながら煮る。

❸ 全体が均一に混ざったらケチャップ、ソース、はちみつを加えて、好みの固さになるまで煮詰める。

2 ホワイトソースを作る

❶ 別のフライパンにバターを入れて中火にかけ、薄切りにした玉ねぎを透明になるまで炒める。

❷ 薄力粉を加え、粉気がなくなるまでよく混ぜる。

❸ コンソメ、塩、こしょうを入れ、牛乳を少しずつ加えて、ダマにならないようその都度よく混ぜる。

3 耐熱皿にバターを塗ってご飯を敷き詰め、ホワイトソース、ミートソース、ピザ用チーズの順に重ねる。

4 トースターで約10分、焼き目がつくまで焼く。

濃厚たらこクリームパスタ
Pollock roe creame pasta

材料(2〜3人分)
パスタ……300g
たらこ……2腹
生クリーム……100ml
バター……40g
醤油……大さじ2
塩……適量
トッピング
大葉……1枚
刻みのり……適量

事前準備

- たらこは包丁で切り込みを入れ、薄皮から出しておく

- 大葉は刻んでおく

作り方

1 鍋に湯を沸かし、塩(湯の量の1%)を入れ、パスタを袋の表示時間通りに茹でる。

2 たらこ、生クリーム、バター、醤油をボウルに入れ、軽く混ぜる。

3 茹で上がったパスタを加え、よく和える。皿に盛り、大葉と刻みのりをのせる。

30

ペペロンチーノ

Spaghetti aglio e olio

材料（2〜3人分）

パスタ……300g

にんにく（みじん切り）……2片分

オリーブオイル……大さじ3

赤唐辛子……3本

水……700ml

塩……適量

コンソメ（顆粒）……小さじ1

事前準備
• 赤唐辛子は種を取り除き、うち1本は輪切りにしておく

作り方

1 にんにく、オリーブオイル大さじ2をフライパンに入れて火にかけ、炒める。

2 にんにくに軽く色がついたら、輪切りにした赤唐辛子を加えて炒め、強火にして水を加える。

3 塩少々とコンソメを加え、沸いてきたらパスタを入れる。

4 水がほとんどなくなるまで煮たら、塩で味を調える。

5 残りのオリーブオイルを回しかけ、よく混ぜる。皿に盛り、残りの赤唐辛子を飾る。

トラノコクカレー

Toranocoku Curry

材料(2人分)
ご飯……400g
牛スネ肉……200g
玉ねぎ……2個
水……300ml
薄力粉……20g
バター……20g
カレー粉……30g
塩、こしょう……各少々

A
野菜ジュース……200ml
しょうが(すりおろし)……小さじ2
醤油……大さじ1
こしょう……少々

トッピング
福神漬け……適量
ドライパセリ……少々

事前準備

- 牛肉は一口大に切り、塩、こしょうをふっておく
- 玉ねぎは縦半分に切り、薄切りにしておく

作り方

1 中火に熱した鍋にバター10gを入れて溶かし、玉ねぎを飴色になるまで炒める。

2 牛肉を入れて焼き目をつけたら、水を加えて1時間ほどアクを取りつつ煮込む。

3 弱火に熱したフライパンに薄力粉を入れて炒め、茶色くなってきたらカレー粉を加えて炒める。

4 黒く色づいてきたら残りのバターを加え混ぜ、ひとつにまとめる。

5 Aを加え、均一になるように混ぜ合わせる。煮込み終わった2に加え、粉っぽさがなくなるまで混ぜる。

6 とろみがついてきたら塩で味を調える。ご飯を盛った皿にルーをかけ、福神漬けを添え、パセリをふる。

32

鳥の巣のようなキーマカレー
Keema curry

材料(2人分)

キーマカレー

豚ひき肉……150g

玉ねぎ(みじん切り)……1/2個分

カットトマト缶……200g

カレールー……2片

ウスターソース、はちみつ……各小さじ1

バター……10g

ご飯……400g

卵……2個

フライドオニオン

玉ねぎ……1/2個

サラダ油……大さじ2

事前準備

• フライドオニオンの玉ねぎは薄切りにする

• 卵は熱湯で6分半茹で、殻を剥く

作り方

【フライドオニオン】

1 耐熱容器に玉ねぎと油を入れ、よく混ぜる。

2 ラップをせずに電子レンジ(500W)で5分加熱する。

3 一度取り出しよく混ぜ、再び電子レンジで3分ほど加熱する。

4 キッチンペーパーで余分な油を拭き取り、再び電子レンジで2分加熱する。

【 キーマカレー 】

1 耐熱容器にバターとカレールー以外
　の材料を入れ、よく混ぜる。

2 スプーンなどで中央にくぼみを作り、
　そこにカレールーとバターをのせる。

3 ラップをして電子レンジ（500w）で13
　分加熱する。

4 取り出し、カレールーを溶かすように
　よく混ぜる。

5 皿にご飯を盛って4をかけ、フライド
　オニオンとゆで卵をのせる。

33

チキンライス

Ketchup rice

材料(1人分)

鶏もも肉……100g
白ワイン、塩、こしょう……各少々
玉ねぎ……1/4個
ピーマン……1個
にんじん……30g
マッシュルーム……3個
オリーブオイル……大さじ1
ケチャップ……大さじ3
ウスターソース……小さじ1
ご飯……200g
バター……20g

事前準備

- 鶏肉は一口大に切っておく
- マッシュルームは薄切りにしておく
- 玉ねぎ、ピーマン、にんじんは粗みじん切りにする

作り方

1 ポリ袋に鶏肉、白ワイン、塩、こしょうを入れ、よく揉んで馴染ませる。

2 フライパンにオリーブオイルをひいて火にかけ、玉ねぎ、ピーマン、にんじんを入れて炒める。

3 野菜に火が通ったら鶏肉、マッシュルームを加え、さらに炒める。

4 鶏肉に火が通ったらケチャップ、ソースを入れて馴染ませ、ご飯を加える。

5 バターを入れて軽く混ぜ、皿に盛る。

71

34

固めオムライス

Omelette rice

材料（1人分）

卵……3個

チキンライス（P70参照）……100g

バター……10g

塩、こしょう……各少々

ケチャップ……適量

（P70参照）

事前準備

・チキンライスをラップで包み、楕円形にしておく

作り方

1 ボウルに卵を割り入れ、泡立て器でしっかり溶きほぐす。

2 塩、こしょうをふって混ぜ、ザルで漉す。

3 フライパンを中火にかけ、バターを入れて溶かし、2を流し入れる。

4 ゴムベラで混ぜながら、卵が半熟状になるまで加熱する。

5 火からおろし、濡れ布巾にフライパンの底を数回当てる。

6 チキンライスを卵の中央にのせ、両側の卵で包む。

7 皿に盛りつけ、キッチンペーパーなどで軽く押さえて形を整え、ケチャップをかける。

エビピラフ

Shrimp pilaf

材料(2~3人分)

米……300g

バター……15g

むきエビ……150g

玉ねぎ……1/2個

にんじん……50g

ピーマン……1個

水……350ml

コンソメ(顆粒)……15g

塩、こしょう、パセリ(みじん切り)……各適量

事前準備

• 米は洗い、水気を切っておく

• むきエビは背わたを取り、水で洗ってキッチンペーパーでよく水気をとっておく

• 玉ねぎ、にんじん、ピーマンは粗いみじん切りにする

作り方

1 フライパンを弱火にかけ、バターを溶かし、玉ねぎを入れてしんなりするまで炒める。

2 にんじんとピーマンを加え、炒める。

3 野菜にある程度火が通ったら、水気を切った米を加えて炒める。

4 米が白く透き通ってきたら、水、コンソメ、塩、こしょうを加えて軽く混ぜ、強火で煮る。

5 沸騰したらむきエビを加え、蓋をして弱火で10分ほど加熱する。

6 パチパチと水が弾ける音がしたら火を止め、7分ほど蓋をしたまま蒸らす。皿に盛り、パセリをふる。

36

卵サンド

Egg sandwich

材料(1人分)

食パン (8枚切り)……2枚
卵……2個
バター……5g
マヨネーズ……大さじ1
塩、黒こしょう……各少々

事前準備

• 卵は熱湯で8分ほど茹で、殻を剥く

• バターは常温に戻しておく

• 食パンの耳を切り落とす

作り方

1 ゆで卵を粗いみじん切りにする。

2 1をボウルに入れ、マヨネーズ、塩、黒こしょうを加えて混ぜる。

3 1枚の食パンにバターを塗って2をのせ、もう1枚の食パンで挟む。

4 ラップで包み、10分ほど冷蔵庫に置いて馴染ませる。

5 ラップを外して食べやすい大きさに切り、皿に盛る。

厚焼き卵サンド

Japanese omelette sandwich

材料（1人分）
食パン（8枚切り）……2枚
卵……2個
サラダ油……適量
A
牛乳……100ml
みりん……大さじ1/2
醤油……小さじ1
和風顆粒だし……小さじ1/2
マヨネーズ、ケチャップ……各大さじ1/2

事前準備

- 食パンの耳を切り落とし、1枚の片面にマヨネーズ、もう1枚の片面にケチャップを塗っておく

作り方

1 耐熱容器にAを入れて、電子レンジ（500W）で30秒ほど加熱する。

2 ボウルに卵を割り入れ、1を加えて混ぜ合わせる。

3 フライパンに油をひいて中火にかけ、2を流し入れる。

4 軽くかき混ぜながら加熱し、卵が半熟状になったら火を止めて蓋をし、1分置く。

5 ヘラを使って卵を半分に折りたたみ、それを2〜3等分にする。

6 1枚の食パンに5をのせて、もう1枚で挟み、ラップで包んで3分蒸らす。

7.食べやすい大きさに切り、皿に盛る。

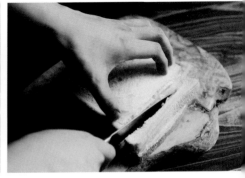

BECホットサンド

Bacon egg and cheese sandwich

材料(1人分)

食パン(8枚切り)……2枚

ベーコン(薄切り)……1パック

卵……1個

スライスチーズ……1枚

サラダ油……小さじ1

バター……5g

作り方

1 フライパンを中火にかけて油をひき、ベーコンを焼く。焼き色がついたら裏返し、その上に卵を割り入れて、ベーコンエッグを作る。

2 食パン1枚の上に1とスライスチーズをのせ、もう1枚の食パンで挟む。

3 フライパンを弱火にかけ、バターを入れて溶かし、2を焼く。食パンにアルミホイルをかぶせ、その上に水を入れたポットや小鍋などの重しを置く。

4 片面3分ずつ焼き、半分に切って皿に盛る。

あんバターホットサンド

Sweet bean and butter sandwich

材料(1人分)
食パン(8枚切り)……2枚
バター……15g
つぶあん……60g

作り方

1 食パン2枚の片面に5gずつバターを塗り、つぶあんをのせて挟む。

2 フライパンを中火にかけ、残りのバターを溶かし、弱火にして1を焼く。食パンにアルミホイルをかぶせ、その上に水を入れたポットや小鍋などの重しを置く。

3 片面3分ずつ焼いたら、4等分にして皿に盛る。

ハニーチーズトースト

Honey cheese toast

材料(2人分)
食パン(6枚切り)……2枚
スライスチーズ……2枚
ピザ用チーズ、黒こしょう、 はちみつ……各適量

作り方

1 食パンは横半分に切り込みを入れ、スライスチーズをのせる。

2 1の上に、ピザ用チーズを好きなだけのせる。

3 トースターでチーズが溶けるまで、7分ほど焼く。

4 皿に盛り、黒こしょう、はちみつをかける。

41

ピザトースト
Pizza toast

材料(2人分)
食パン(6枚切り)……2枚
ピーマン……小1個
ホールコーン缶……適量
マッシュルーム……2個
ピザ用チーズ……適量
ケチャップ……大さじ3
タバスコ……適宜

事前準備

• ピーマンは薄めの輪切りにしておく

• マッシュルームは薄切りにしておく

作り方

1 食パンにケチャップを端までまんべんなく塗る。

2 ピーマン、コーン、マッシュルームを散らす。

3 ピザ用チーズをのせ、トースターで軽く焼き目がつくまで、7分ほど焼く。

4 皿に盛り、好みでタバスコをかける。

焼きチーズカレーの
パングラタン

Grilled cheese curry bread gratin

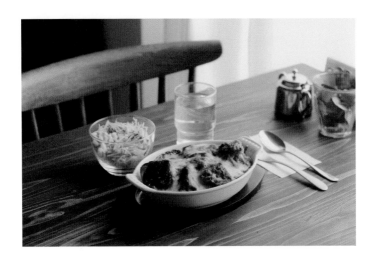

材料（1人分）

食パン（4枚切り）……1枚
レトルトカレー……1パック
ピザ用チーズ……適量

作り方

1 食パンにサイコロ状に切り込みを入
　れ、トースターで焼き色がつくまで、7
　分ほど焼く。

2 食パンを切り離して、耐熱皿にのせ
　る。

3 2にレトルトカレー、ピザ用チーズを
　かけ、トースターでチーズが溶けるま
　で7分ほど焼く。

43

1斤パングラタン
A loaf of bread gratin

材料(食パン1斤分)
食パン……1斤
ブロッコリー……1/2個
ベーコン……5枚
ピザ用チーズ……50g

ホワイトソース
玉ねぎ……1/4個
バター……20g
薄力粉……大さじ2
牛乳……2カップ
コンソメ(顆粒)……小さじ2
塩、こしょう……各少々

トッピング
ピザ用チーズ……50g

事前準備

- ブロッコリーを小房に切り分けて耐熱皿に入れ、水大さじ2をかけてラップし、電子レンジ(600W)で2分加熱する
- ベーコンは7mm幅に、玉ねぎは薄切りにしておく
- オーブンを220℃に予熱しておく

作り方

1 食パンは縁から1.5cm残して、2/3の深さまで一周に切り込みを入れる。縦半分に切り込みを入れ、中身を取り出す。

2 フライパンにバターを入れて火にかけ、玉ねぎが透明になるまで炒める。

3 薄力粉を加え、粉気がなくなるまでよく混ぜる。

4 コンソメ、塩、こしょうを入れ、牛乳を少しずつ加えてダマにならないようその都度よく混ぜる。

5 火を止め、ブロッコリー、ベーコン、チーズ(トッピング用は除く)を加えてよく混ぜる。1の食パンの中に入れ、トッピング用のチーズをのせる。

6 220℃のオーブンで5と、1でくり抜いた食パンを15分ほど焼く。

44

クロックマダム

Clock Madam

材料(2人分)

食パン(6枚切り)……2枚
卵黄……2個分
ハム……2枚
ピザ用チーズ、黒こしょう……各適量

ホワイトソース

玉ねぎ……1/2個
バター……20g
薄力粉……大さじ2
コンソメ(顆粒)……小さじ2
牛乳……2カップ
塩、こしょう……各少々

事前準備

• 玉ねぎは薄切りにしておく

作り方

1 フライパンにバターを溶かし、玉ねぎが透明になるまで炒める。

2 薄力粉を加え、粉気がなくなるまでよく混ぜる。

3 コンソメを加え、牛乳を少しずつ加えながらダマにならないようその都度よく混ぜる。

4 塩、こしょうで味を調え、火を止める。

5 食パンにハムをのせ、その上に4をかけて中央にくぼみを作る。

6 くぼみに卵黄をのせ、周りにピザ用チーズをのせる。

7 チーズが溶けるまでトースターで7分ほど焼く。皿に盛り、黒こしょうをふる。

エビグラタン

Shrimp gratin

材料(2人分)

マカロニ……50g

ホワイトソース

むきエビ……100g

玉ねぎ……1/4個

マッシュルーム……3個

バター……20g

薄力粉……大さじ2

牛乳……2カップ

コンソメ(顆粒)……小さじ2

塩、こしょう……各少々

トッピング

粉チーズ、パン粉……各適量

事前準備

- むきエビは背わたを取り、水で洗ってキッチンペーパーでよく水気を取っておく

- 玉ねぎはくし形切りにし、マッシュルームは薄切りにしておく

- 沸騰した湯でマカロニを、袋の表示時間より1分短く茹で、水気を切っておく

作り方

1 フライパンを中火にかけてバターを溶かし、玉ねぎ、マッシュルーム、むきエビを炒める。

2 薄力粉を加え、粉気がなくなるまでよく混ぜる。

3 コンソメを加え、牛乳を少しずつ加えながらダマにならないようその都度よく混ぜる。

4 茹でたマカロニと塩、こしょうを加えて混ぜる。

5 耐熱皿に入れて粉チーズ、パン粉をふり、トースターで10分ほど焼いて焼き目をつける。

Column

空想喫茶トラノコクの
休憩室

ここは、空想喫茶トラノコクの休憩室。
店員たちが撮影時のエピソードについて、何やら話しているようです。

kon
今回の本に掲載されている大きなプリン(P14)は、トラノコクのSNSで発信した中でも特に反響がありましたよね。

そうですね! 投稿を見てくれたみなさんから「食べたい!」とたくさんの声をいただけて幸せでした。
ツッチー

7
私たちの思いと、その発信を見た人の思いが通じるような感覚になれたのも、またよかったなぁ。

同感! あとは純粋に、料理が上手にできたときって嬉しいよね。
ユーピケ

ツッチー
やっぱりプリンを作るたびに思うのは、型から外すときはいつも緊張の瞬間だけど、その分上手にできたときの嬉しさは倍増です。

うんうん。そのときに感じている気持ちごと写真に残しておきたくて、カメラのシャッターが止まらなくなるね。
ユーピケ

kon
シャッター音が部屋のBGMみたいな(笑)。

1つの作品に100枚以上の写真を撮ることもあるよね!
7

kon
ありますね〜。その中から選りすぐりの数枚を、いつもSNSで発信しているので。

目には見えないこだわりが、たっぷり詰まっているんですよね。
ツッチー

それにしても、大きなプリンを食べるっていうのが子どもの頃からの夢だったんだけど、大人になった今、トラノコクでその夢が叶ったのは感慨深いなぁ。
7

kon
7さん、ホールの半分くらい食べてましたよね(笑)。

いやぁ、実においしかったです。
7

ユーピケ
ツッチー、作ってくれてありがとう！

どういたしまして。
ツッチー

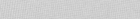

のみもの

香り高いコーヒーに、冷たくて甘いクリームソーダ。
作れば一気に喫茶店気分を味わえる、
飲み物のレシピです。

アイスから作る
メロンクリームソーダ

Melon cream soda

材料（グラス1個分）

バニラアイスクリーム（作りやすい分量・4人分）

生クリーム……200ml

卵黄……2個分

はちみつ……30g

バニラエッセンス……4滴

炭酸水……150ml

氷……適量

かき氷用メロンシロップ……25ml

シロップ漬けのさくらんぼ……1個

作り方

1 ボウルに生クリームを入れ、7分立てに泡立てる。

2 卵黄、はちみつ、バニラエッセンスを加え、よく混ぜ合わせる。

3 バットに流し入れ、冷凍庫で一晩冷やし固める。

4 グラスに氷、メロンシロップの順に入れ、炭酸水を注ぐ。

5 軽く混ぜ、3のアイスを丸くすくってのせ、さくらんぼを飾る。

47

バタフライピーティー
クリームソーダ

Butterfly pea tea cream soda

材料（グラス1個分）

バタフライピーの花弁……0.5g

熱湯……500ml

加糖炭酸水……100ml

氷……適量

バニラアイスクリーム
（P99参照）……適量

シロップ漬けのさくらんぼ……1個

作り方

1 ティーポットに茶葉を入れ、熱湯を注ぐ。

2 5分ほど蒸らして好みの色が出たら、茶漉しで漉しながら別の容器に移し、粗熱を取る。

3 グラスに氷を入れ、炭酸水を注ぐ。

4 スプーンなどにつたわせて、ゆっくりと2を注ぐ。

5 混ざらないように、丸くすくったアイスをそっとのせ、さくらんぼを飾る。

スイカクリームソーダ
Watermelon cream soda

材料（グラス1個分）

カットスイカ……100g

レモン汁、はちみつ……各小さじ1

水……30ml

氷……適量

炭酸水……150ml

バニラアイスクリーム（P99参照）……適量

事前準備

• カットスイカは種を取り除いておく

作り方

1 ミキサーにスイカ、レモン汁、はちみつ、水を入れ、攪拌する。

2 グラスに氷を入れ、1を加えて炭酸水を注ぐ。

3 丸くすくったアイスをのせる。

49

パイナップルクリームソーダ

Pineapple cream soda

材料（グラス1個分）

カットパイナップル……80g

氷……適量

かき氷用レモンシロップ……25ml

炭酸水……150ml

バニラアイスクリーム（P99参照）……適量

シロップ漬けのさくらんぼ……1個

事前準備

• カットパイナップルは、1切れだけトッピング用にとっておく

作り方

1 グラスにパイナップル、氷、レモンシロップの順に入れ、炭酸水を注ぐ。

2 軽く混ぜ、丸くすくったアイス、残しておいたパイナップル、さくらんぼをのせる。

青空ミルクティー

Blue sky milk tea

ふわふわの雲のようなわたあめを溶かしながらどうぞ。

材料（2人分）
バタフライピーの花弁……0.5g
熱湯……500ml
わたあめ、牛乳……各適量

事前準備

・ティーポットに熱湯（分量外）を注ぎ、蓋をして1分置き、その後カップに注いで、ポットとカップを温めておく

・牛乳をミルクピッチャーに入れておく

作り方

1 ティーポットの湯を捨てて茶葉を入れ、熱湯を注ぐ。

2 5分ほど蒸らして好みの色が出たら、カップの湯を捨て、茶漉しで漉しながら注ぐ。

3 わたあめと牛乳を添え、好みで加える。

51

夕焼けミルクティー
Sunset milk tea

材料(2人分)

セイロン茶葉……7g

熱湯……300ml

わたあめ、牛乳……各適量

事前準備

- ティーポットに熱湯(分量外)を注ぎ、蓋をして1分置き、その後カップに注いで、ポットとカップを温めておく

- 牛乳をミルクピッチャーに入れておく

作り方

1 ティーポットの湯を捨て、セイロン茶葉を入れ、熱湯を注ぐ。

2 5分ほど蒸らして好みの色が出たら、カップの湯を捨て、茶漉しで漉しながら注ぐ。

3 わたあめと牛乳を添え、好みで加える。

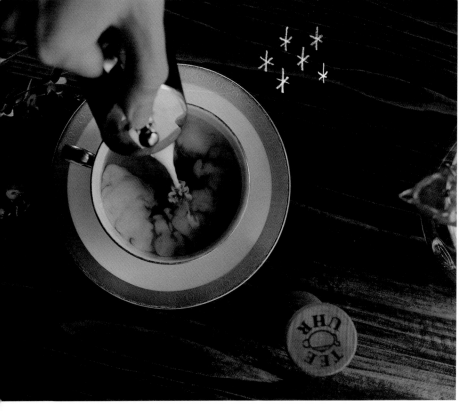

52

ウィンナーコーヒーice

Ice Wienna Coffee

ざらめは、ゆっくり時間をかけて溶けていきます。
コーヒーを飲みながら、ゆったりとしたひとときを味わって。

材料（グラス1個分）

ドリップコーヒー……150ml
中ざら糖……10g
生クリーム……30ml

事前準備

- ドリップコーヒーはやや濃いめに淹れ、粗熱を取り冷蔵庫で冷やしておく
- 生クリームは、少しとろみがつくまで泡立てておく

作り方

1 グラスに中ざら糖を入れ、よく冷やしたコーヒーをスプーンなどにつたわせてゆっくりと注ぐ。

2 生クリームを混ざらないように、そっと上に注ぐ。こぼさないように混ぜながら飲む。

ウィンナーコーヒー hot

Hot Wienna Coffee

材料（カップ1個分）

ドリップコーヒー……150ml
中ざら糖……5g
生クリーム……30ml
ココアパウダー……適宜

事前準備

- ドリップコーヒーはやや濃いめに淹れておく
- 生クリームは7分立てに泡立てておく
- コーヒーカップに熱湯を注ぎ、温めておく

作り方

1 コーヒカップの湯を捨て、中ざら糖を入れてドリップコーヒーを注ぐ。

2 軽くかき混ぜ、泡立てた生クリームをのせる。

3 好みでココアパウダーをふる。

クラフトジンジャー
エール

Creft ginger ale

材料（グラス1個分）

クラフトジンジャーエールの素
（保存瓶1つ・ジンジャーエール4〜5杯分）

水……200ml

きび砂糖……100g

はちみつ……大さじ1

しょうが……100g

赤唐辛子……1本

黒こしょう（ホール）……5粒

八角……1個

クローブ……4粒

花椒（あれば）……5粒

炭酸水……150ml

氷……適量

ライム……1/6個

事前準備

• しょうがは皮付きのまま、薄切りにして
　おく

作り方

1 鍋にクラフトジンジャーエールの素の材
　料をすべて入れ、弱火で15分ほど煮る。

2 火を止め粗熱が取れたら、氷を入れたグ
　ラスに大さじ3〜4注いで炭酸水で割り、
　ライムを添える。余ったクラフトジン
　ジャーエールの素は、保存瓶に入れる。

クラフトコーラ

Craft cola

材料（グラス1個分）

クラフトコーラの素
（保存瓶1つ・コーラ4〜5杯分）

水……200ml
きび砂糖……100g
レモン果汁……1/2個分
オレンジ果汁……1/2個分

A

レモンの皮（国産のもの）……1/2個分
シナモン（ホール）……1本
クローブ……4粒
八角……1個
黒こしょう（ホール）……5粒
バニラビーンズ……1本
赤唐辛子……1本
ナツメグ……小さじ1/2
カルダモン……8g

B

砂糖……30g
水……10ml

炭酸水……150ml
氷……適量
レモン（輪切り）……1枚

事前準備

• ホールのスパイスを使う場合は、ミルサーやすり鉢などで細かくひいておく（シナモンは手で砕く）

• レモンは黄色い皮の部分だけすりおろしておく（国産レモンを使用する場合のみ）

• バニラビーンズはさやを2つに割っておく

作り方

1 鍋に水を入れ、Aを加えて5分ほど煮る。

2 きび砂糖を加えて、溶けたらレモン果汁、オレンジ果汁を加えて火を止める。

3 別の鍋にBを入れて煮詰め、カラメルを作る。

4 3の鍋に2を加えて弱火で温め、カラメルが溶けるまで混ぜる。

5 溶けたら火を止め、粗熱が取れたら氷の入ったグラスに大さじ3〜4注ぎ、炭酸水で割る。好みでレモンを添える。余ったクラフトコーラの素は保存瓶に入れる。

濃厚ココアice

Rich ice cocoa

材料（グラス1個分）

板チョコレート（ダーク）……1枚
ココアパウダー……大さじ2
牛乳……200ml
砂糖……大さじ1

A

生クリーム……50ml
砂糖……5g

チョコソース……適量
氷……適量

事前準備

- 板チョコレートは細かく刻んでおく
- ボウルにAを入れ、8分立てに泡立てておく

作り方

1 チョコレートとココアを小鍋に入れ、牛乳を50mlほど加えて弱火にかけ、よく混ぜ溶かす。

2 砂糖を加え混ぜ、とろみがついたら残りの牛乳を少しずつ加え、その都度よく混ぜる。

3 全体が均一になったら火を止め、グラスに氷を入れて注ぐ。

4 泡立てておいたAを絞り、チョコソースをかける。

濃厚ココア hot
Rich hot cocoa

材料（カップ1個分）

板チョコレート（ダーク）……1枚
純ココア……大さじ2
牛乳……200ml
砂糖……大さじ1
コーンスターチ……小さじ2

事前準備
• 板チョコレートは細かく刻んでおく
• カップに熱湯を注ぎ、温めておく

作り方
1 チョコレートとココアを小鍋に入れ、牛乳を50mlほど加えて弱火にかけ、よく混ぜ溶かす。

2 砂糖、コンスターチを加えて混ぜ、とろみがついたら残りの牛乳を少しずつ加え、その都度よく混ぜる。

3 全体が均一になったら、カップの湯を捨てて2を注ぐ。

ミルクセーキ

Milkshake

材料 (グラス2個分)
A

卵……1個

卵黄……1個分

練乳……35g

牛乳……150ml

バニラエッセンス……5滴

氷……適量

シロップ漬けのさくらんぼ……適宜

作り方

1 Aをミキサーにかけ、攪拌する。

2 グラスに氷を入れ、1を注ぐ。好みで
　さくらんぼをのせる。

Column

YouTube 喫茶、開店。

空想喫茶トラノコクは、YouTubeでも情報を発信しています。
喫茶の世界観や店員の日常など、
動画ならではのよさをふんだんに盛り込んでいます。
ぜひ遊びに来てください。

—— YouTubeには、主に3つのテーマで動画を投稿しています——

おうち喫茶
喫茶店のメニューの作り方
や、喫茶の空気感が伝わるよ
うな動画。

喫茶紹介
トラノコク店員が巡る、喫茶
研究の旅。

ラジオ
いつも応援してくださるみな
さんからの質問やリクエスト
にお答え。

空想喫茶トラノコクができるまで

空想喫茶トラノコクのおうち喫茶の作り方。
いつも撮影のときに工夫していることが、3つあります。

1 身近な食材

料理を作るときは、自分たちにとって身近な
食材を選ぶことが多いです。近所のスーパー
や製菓店で手に入れられる材料を使った料理
を作ることで、どこか親しみを感じられるよ
うな一品に仕上げます。懐かしさや共感を大
切にしているからこそ、みなさんの日常に寄
り添えるようなものを作り続けていけたらと
いう思いがあります。

2 料理と器の かけ合わせ

トラノコクでは鮮やかな料理も、シンプルな配色の料理も、どちらもバランスよく引き立たせてくれるような無地の食器を使用することが多いです。黒い食べ物には明るい色のお皿、白い食べ物には暗い色のお皿など、反対色で組み合わせると、その一皿に立体感が生まれたりもします。組み合わせは考えると無限に生まれてきてしまいそうなのですが、料理を引き立たせることを軸にいつもお皿選びをしています。

3 やっぱり 「楽しむこと」を大切に

季節を感じられるようなお花や植物をテーブルに添えてみたり、素敵なアイデアが思いついた瞬間だったり。何気ない日常の中からふと生まれる楽しみも、料理と一緒に味わうようにおうち喫茶を作りあげています。

空想喫茶トラノコクの店員
おすすめの喫茶店

トラノコクの店員は、いつもおうち喫茶で楽しめるようなメニューを作るのはもちろん、
喫茶巡りも大好き。喫茶は巡るたびに驚きや発見に満ちています。
いつかそんな素敵な喫茶をまとめた本を作ることを夢みながら、
今回は巡った中でもイチオシの喫茶店をご紹介します。

7

胡桃堂喫茶店

1人で来るのも、誰かと来るのもいいなと思える喫茶店です。
学生時代によくこの付近を散策していたのですが、出会ったのは本当につい最近のことで、なんだか懐かしい気持ちと新鮮な気持ちが詰まった場所です。店内はぬくもりを感じる色合いで、季節によって変わる定食も魅力的です。

好きなメニュー　ハンドドリップコーヒーと、信濃ぐるみのタルトです。

そのほかオススメポイント　「もちよりブックス」という、お客さんが持ち寄った本が並ぶ棚があります。まるで、小瓶に手紙を詰めて海に流し、それを誰かが受け取るかのような感覚。同じ空間を通じて、誰かとつながる心地よさを感じられます。

店舗情報　住所　東京都国分寺市本町2-17-3
営業時間　11:00〜19:00（L.O. 18:30）
定休日　木曜日
問い合わせ先　042-401-0433

---

kon

蔦珈琲店

青山学院近くの小道にある珈琲屋さんで、文字通り、入り口に蔦が絡まっています。仕事のお昼休憩に癒されに行っていた、憩いの場所なのです。常連さんといつも楽しそうにお話しされている気さくなマスターの話し声が妙に落ち着いて、僕は隅の席で毎回読書をしたりYouTubeを見ている日々でしたが、ここにいたいなあと思わせてくれる空間です。

好きなメニュー　クロックムッシュを頼むと、大満足の量のサラダとオレンジとヤクルトがついて、おすすめです！

そのほかオススメポイント　大きいガラス窓から眺める、四季折々のお庭の景色が最高なのです。

店舗情報　住所　東京都港区南青山5-11-20 1F
営業時間　火〜金曜日　10:00-20:00（L.O.19:30）
　　　　　　土・日・祝　12:00-20:00（L.O.19:30）
定休日　月曜日
問い合わせ先　03-3498-6888

ツッチー

自家焙煎コーヒー専門店 パペルブルグ

大学生のときに、友人から「八王子に魔王の城のようなカフェがある」と聞いて、伺いました。外観は中世ドイツ騎士の館をイメージされていて、中に入ると目を引くのが鹿の剥製と檻のような一角。まるで異世界に来てしまったような感覚が忘れられません。この感覚をまだ知らない人に、ぜひ味わってほしいです。

好きなメニュー　コーヒーの専門店なのでもちろんコーヒーもおいしいのですが、僕がおすすめしたいのは休日限定のパフェ。季節ごとに種類が変わるパフェはどれも美しく、何度も通いたくなる逸品です。

そのほかオススメポイント　このお店はCMやドラマ、MVなどのロケ地としてもよく使われているそうです。俳優さんと同じ席に座ってみるなど、そういう楽しみ方もできるかもしれません。

店舗情報　住所　東京都八王子市鑓水530-1
　　　　　営業時間　10:00〜19:00
　　　　　＊現在コロナ禍のため、10:00〜18:00（L.O.17:00）
　　　　　定休日　不定休　＊貸切などで休業している場合あり
　　　　　問い合わせ先　042-677-5511（電話受付 10:00〜18:00）

ユーピケ

喫茶サテラ

コーヒーは新宿のオールシーズンズコーヒーで焙煎した豆と、自家焙煎の豆を用いているそうです。深煎り、中煎り、浅煎りの中で毎日おすすめが替わるので、その日一番おいしいものを淹れてもらえます。撮影依頼をした際にご丁寧に対応頂けてとても嬉しかったです。

好きなメニュー　目の前で淹れてくれるコーヒー、練乳とクリームチーズを使った濃厚プリンです！

そのほかオススメポイント　店内は暗めの照明で、落ち着きたいときにおすすめです。店員さんとの距離感が近く、お話ししやすいので、ぜひ訪れた際はお邪魔にならない程度で質問してみてはいかがですか？(^^)

店舗情報　住所　東京都渋谷区渋谷1-7-5 青山セブンハイツ 1F
　　　　　営業時間　11:00〜19:00
　　　　　定休日　不定休
　　　　　問い合わせ先　070-3128-2362

僕たちは、誰かを笑顔にできるような居場所を作れたらという一心で、
これまで活動を続けてきました。
そしてトラノコクは、みなさんと一緒に築き上げてきた
かけがえのない宝物だと思っています。

今まで支えてくれたみなさん、
そして本書をきっかけに僕たちを知ってくれたみなさんとの
出会いやつながりを大切にしながら、
これからも心あたたまる喫茶の世界観を
お届けしていけたらと思います。

空想喫茶トラノコクは、
みなさまのまたのご来店を
心よりお待ちしております。

空想喫茶
トラノコクの
<u>おうち喫茶レシピ</u>

空想喫茶トラノコク 著

2021年11月3日　初版発行

発行者　横内正昭

編集人　青柳有紀

発行所　株式会社ワニブックス

〒150-8482

東京都渋谷区恵比寿4-4-9 えびす大黒ビル

電話 03-5449-2711（代表）

　　　03-5449-2716（編集部）

ワニブックスHP http://www.wani.co.jp/

WANI BOOKOUT http://www.wanibookout.com/

印刷所　凸版印刷株式会社

製本所　ナショナル製本

デザイン

中村 妙（文京図案室）

写真・イラスト

空想喫茶トラノコク

校正

東京出版サービスセンター

編集

安田 遥（ワニブックス）

ISBN 978-4-8470-7114-0